Telif Hakkı © 2024 - Tüm hakları saklıdır.

Bu kitabın içeriği, yazarın doğrudan yazılı izni olmadan çoğaltılamaz, kopyalanamaz veya yayınlanamaz. Yayıncıya, bu bilgilere doğrudan veya dolaylı olarak bağlı herhangi bir tazminat, zarar veya maddi kayıptan dolayı hiçbir yasal sorumluluk veya suçlama yöneltilemeyecektir.

Bu kitap bir kurgu eseridir. İsimler, karakterler ve olaylar ya yazarın hayal gücü ürünüdür ya da kurgusal olarak kullanılmıştır. Kitapta yer alan kişilerin, kuruluşların, olayların veya mekânların gerçek kişilerle, kuruluşlarla, olaylarla veya mekânlarla herhangi bir benzerliği tamamen tesadüfidir.

Yasal Uyarı:

Bu kitap Telif Hakkı ile korunmaktadır. Sadece kişisel kullanım içindir. Kitabın içeriğinin herhangi bir bölümünü yazarın izni olmadan değiştiremez, dağıtamaz, satamaz, kullanamaz, alıntılayamaz veya değiştirerek kullanamazsınız.

Feragat Bildirimi:

Lütfen bu belgede yer alan bilgilerin yalnızca eğitim ve eğlence amaçlı olduğunu unutmayın. Doğru, güncel, güvenilir ve eksiksiz bilgi sağlamak için her türlü çaba gösterilmiştir. Herhangi bir türde, açık veya örtük garanti bulunmamaktadır. Okuyucular, yazarın yasal, mali, tıbbi veya profesyonel tavsiye sunmadığını kabul eder. Bu kitabın içeriği çeşitli kaynaklardan elde edilmiştir. Bu kitapta açıklanan teknikleri denemeden önce lisanslı bir profesyonele danışınız.

Bu belgeyi okuyarak, okuyucu bu belgede yer alan bilgilerin hatalı, eksik, yanlış ve benzeri kullanımından kaynaklanan kayıplardan yazarın doğrudan veya dolaylı olarak sorumlu olmadığını kabul eder. İzinle ilgili bilgi için yazarla ASKPublishingHouse@protonmail.com adresinden iletişime geçiniz.

THE INTER-ACTIVE TURKISH TEACHER'S SURVIVAL GUIDE

SHORT STORY STRATEGIES FOR TEACHING ENGLISH LANGUAGE LEARNERS OF ALL LEVELS

İNTERAKTİF TÜRKÇE ÖĞRETMENİNİN HAYATTA KALMA REHBERİ

HER SEVİYEDEKİ İNGİLİZCE DİLİ ÖĞRENCİLERİNE YÖNELİK KISA HİKÂYE STRATEJİLERİ

By

A.S.K. Aynur

Copyright © 2024 - All rights reserved.

The contents of this book may not be reproduced, duplicated, or transmitted without direct written permission from the author. Under no circumstances will any legal responsibility or blame be held against the publisher for any reparation, damages, or monetary loss due to the information herein, either directly or indirectly.

This book is a work of fiction. Names, characters, and incidents are either the product of the author's imagination or are used fictitiously. Any resemblance to actual persons living or dead, business establishments, events, or locales is entirely coincidental.

Legal Notice:

This book is Copyright protected. This is only for personal use. You cannot amend, distribute, sell, use, quote, or paraphrase any part of this book's content without the author's consent.

Disclaimer Notice:

Please note the information contained within this document is for educational and entertainment purposes only. Every attempt has been made to provide accurate, up-to-date, reliable, and complete information. No warranties of any kind are expressed or implied. Readers acknowledge that the author is not rendering legal, financial, medical, or professional advice. The content of this book has been derived from various sources. Please consult a licensed professional before attempting any techniques outlined in this book.

By reading this document, the reader agrees that under no circumstances is the author responsible for any losses, direct or indirect, which are incurred as a result of the use of the information contained within this document, including, but not limited to, —errors, omissions, or inaccuracies. For information regarding permission, email the author at ASKPublishingHouse@protonmail.com.

Table of Contents

Dedication 6

Turkish Dedication 7

Questions and Answers 65

Sorular ve Cevaplar 65

About the Author 122

Yazar Hakkında 123

Dedication

In loving memory, her beloved cat Simit. And to all the parents sick of piled-up bedding screaming out at them from the laundry room.

Let her know what you think about this book by emailing ASKPublishingHouse@protonmail.com. She promises never to spam your inbox.

Turkish Dedication

Sevgili kedisi Simit'in anısına ve çamaşır odasından onlara seslenen, üst üste yığılmış çarşaflardan bıkmış ebeveynlere.

Bu kitap hakkındaki düşüncelerinizi ASKPublishingHouse@protonmail.com adresine e-posta göndererek yazara bildirin. Onun hiçbir zaman posta kutunuza spam göndermeyeceğinden emin olun.

Story 1

It was nighttime.

As usual, Rescue, the Supa Cat, was just finishing his dinner. When his bowl was clean, he wiped his whiskers and wandered over to his cat bed.

When he got there, he pressed the secret button under the cushion, walked onto the cat bed, and disappeared underground.

That's right… his cat bed was the entrance to his secret lair… the Cat Cave.

Hikâye 1

Gece vaktiydi.

Süper Kedi Rescue her zamanki gibi akşam yemeğini bitirmek üzereydi. Kâsesi boşalınca bıyıklarını temizledi ve kedi yatağına doğru yürüdü.

Oraya vardığında, minderinin altındaki gizli düğmeye bastı, kedi yatağına çıktı ve yeraltına doğru kayboldu.

Evet doğru, kedi yatağı gizli sığınağının, yani Kedi Mağarası'nın girişiydi.

Notes

Story 2

The cat bed landed on the cave floor, and Rescue walked out into his lab.

Rescue's sidekick, Delilah the Dog, was sitting at a huge screen with lots of data on it.

"What have we got this evening Delilah?" asked Rescue.

"The sensor is picking up something from number 26," said Delilah. "Maybe you should check it out."

"Thanks. I will," said Rescue.

Hikâye 2

Kedi yatağı mağara zeminine indi ve Rescue laboratuvarına girdi.

Rescue'nun yardımcısı Köpek Delilah, çok sayıda bilginin bulunduğu dev bir ekranın karşısında oturuyordu.

"Bu akşam ne var Delilah?" diye sordu Rescue.

"Sensör 26 numaradan bir şeyler algılıyor gibi görünüyor." dedi Delilah. "Ona bir baksan iyi olur."

"Teşekkürler. Bakayım." dedi Rescue.

Notes

Story 3

Rescue, as you may already know, was no ordinary cat.

But it wasn't just bravery and a Cat Cave that made him a Supa Cat.

He had powers too.

One of the powers he used most often was his Rescue Radar.

He could sense children that needed rescuing.

He could see into their minds to find out what they needed rescuing from.

Hikâye 3

Rescue, belki de zaten bildiğiniz gibi, sıradan bir kedi değildi.

Ancak onu Süper Kedi yapan tek şey yalnızca cesareti ve bir Kedi Mağarası değildi.

Onun güçleri de vardı.

En sık kullandığı güçlerden biri Kurtarma Radarı'ydı.

Kurtarılmaya ihtiyacı olan çocukları hissedebiliyordu.

Kurtarılması gereken durumları onların zihinlerini okuyarak anlayabiliyordu.

Notes

Story 4

Rescue closed his eyes and concentrated on the fear and worry coming from number 26, Paw Avenue.

In an instant, Rescue was seeing the world through the eyes of a young squirrel named Sybil.

She seemed very anxious.

Hikâye 4

Rescue gözlerini kapattı ve Paw Bulvarı 26 numaradan gelen korku ve endişeye odaklandı.

Rescue hemen o anda dünyayı küçük bir sincap olan Sybil'in gözlerinden görmeye başladı.

Küçük sincap çok endişeli görünüyordu.

NOTES

Story 5

"What if I never learn not to wet the bed?" she wailed.

"Of course, you will," said her mom, the Chipmunk.

"But I've been wetting the bed for months!" cried Sybil.

Hikâye 5

"Peki ya yatağı ıslatmamayı hiç öğrenemezsem?" diye ağlıyordu.

"Tabii ki öğreneceksin." dedi anne Sincap.

"Ama ben aylardır yatağımı ıslatıyorum!" diye bağırdı Sybil.

Notes

Story 6

"I know it's hard," said her mom calmly. "But nothing lasts forever.

You just wait.

Be patient.

Because one day soon, as if by magic… you will wake up completely dry

Patience, my love.

Now, off to bed."

Hikâye 6

"Zor olduğunu biliyorum," dedi annesi sakin bir şekilde. "Ancak hiçbir şey sonsuza dek sürmez."

Sadece bekle.

Sabırlı ol.

Çünkü yakında bir gün, sanki sihir gibi... kupkuru uyandığını göreceksin.

Sabır, tatlım.

Hadi yatağa şimdi."

Notes

Story 7

"I've seen enough," thought Rescue.

He opened his eyes.

"What was it, boss?" asked Delilah.

"Another bedwetter," said Rescue.

"You'll have that sorted out in no time at all!" said Delilah.

"You bet," said Rescue. "Now… open the Dream Walker, would you?"

"Sure thing," said Delilah, pressing a big blue button.

Hikâye 7

"Yeterince gördüm." diye düşündü Rescue.

Gözlerini açtı.

"Ne oldu, patron?" diye sordu Delilah.

"Bir yatak ıslatan daha!" dedi Rescue.

"Sen bu işi şıp diye hallederdin." dedi Delilah.

"Kesinlikle." dedi Rescue. "Şimdi... Rüya Yürüyücüyü açar mısın?"

"Tabii ki!" dedi Delilah, büyük mavi bir düğmeye basarken.

Notes

Story 8

A helmet with hundreds of wires and tubes coming out of it came down from the ceiling.

The Dream Walker was a machine of Rescue's own invention.

He used it to enter the dreams of children and save them from wetting their beds.

Rescue put it on.

Hikâye 8

Tavandan aşağıya içinden yüzlerce tel ve boru çıkan bir kask indi. Rüya Yürüyücü, Rescue'nun icat ettiği bir makineydi.

Bu makineyi çocukların rüyalarına girip onları yataklarını ıslatmaktan kurtarmak için kullanırdı. Rescue kaskı taktı.

NOTES

Story 9

Down the road, at number 26, Sybil had just fallen asleep.

She was dreaming about a tree full of acorns… her favorite food in the world.

Little did she know that pee was gathering up inside her, waiting to burst out.

Hikâye 9

Yolun aşağısında, 26 numarada, Sybil yeni uykuya dalmıştı.

Dünyadaki en sevdiği yiyecek olan palamutlarla dolu bir ağaç hakkında rüya görüyordu.

Sybil, içinde biriken idrarın dışarıya çıkmak için sabırsızlandığını bilmiyordu.

Notes

Story 10

Suddenly, in her dream, a cat fell out of the tree.

It wasn't just any cat, though.

It was Rescue.

Hikâye 10

Rüyasında aniden bir kedi ağaçtan düştü.

Ancak bu sıradan bir kedi değildi.

Bu, Rescue'ydu.

Notes

Story 11

Rescue walked over to Sybil and began to lick her face.

"Wait," Sybil said in her dream. "What are you doing?

STOP!

STOP THAT!

Why are you doing that?"

But Rescue didn't stop.

He licked harder and harder.

His rough tongue was like sandpaper against Sybil's skin.

Hikâye 11

Rescue Sybil'e doğru yürüdü ve yüzünü yalamaya başladı.

"Dur," dedi Sybil rüyasında. "Ne yapıyorsun?

DUR!

KES ŞUNU!

Neden böyle yapıyorsun?"

Ancak Rescue durmadı.

Daha da sert yalamaya devam etti.

Pürüzlü dili, Sybil'in tenine zımpara kağıdı hissi veriyordu.

Notes

Story 12

"I don't like it!" screamed Sybil. "Make it stop!

Wake up me!

WAKE UP!"

Hikâye 12

"Bunu sevmedim!" diye bağırdı Sybil. "Durdurun şunu! Beni uyandırın!

UYAN!"

NOTES

Story 13

And just like that, Sybil's eyes sprang open.

"Well, that wasn't nice," she thought.

"Wait... I need to pee.

That was good timing.

I would never have woken up if that cat hadn't come along!"

Sybil went off to the toilet.

She wasn't even a bit bothered about her weird dream because she was going to pee in the toilet... not in her bed.

Back in the lab, Rescue took off the Dream Walker.

"Mission accomplished?" asked Delilah.

"Another bedwetter rescued!" said Rescue.

"Awesome!" said Delilah.

Hikâye 13

Birden bire Sybil'in gözleri açıldı.

"Bu hoş değildi," diye düşündü.

"Bir dakika... Tuvaletimi yapmam lazım.

İyi zamanlama.

Eğer bu kedi ortaya çıkmasaydı asla uyanmazdım!"

Sybil tuvalete gitti.

Tuhaf rüyası onu hiç rahatsız etmedi çünkü idrarını tuvalete yapacaktı; yatağına değil.

Rescue labaratuvara geri dönünce Rüya Yürüyücü'yü çıkardı.

"Görev tamamlandı mı?" diye sordu Delilah.

"Bir yatağını ıslatan daha kurtarıldı!" dedi Rescue.

"Harika!" dedi Delilah.

Notes

Story 14

The next morning, Sybil shot downstairs.

She was so excited.

"I did it. I DID IT!" she yelled.

"What did you do?" asked her mom.

"I'm dry. I didn't wet the bed!" said Sybil.

"That's amazing!" said her mom. "Well done!"

"Thanks, Mom. I'm so happy," said Sybil, giving her mom a big hug.

"You see, darling!" her mom said. "Things always turn out OK in the end. You just have to be a little bit patient."

Hikâye 14

Ertesi sabah, Sybil hızla merdivenlerden indi.

Çok heyecanlıydı.

"Başardım. BAŞARDIM!" diye bağırdı.

"Neyi başardın?" diye sordu annesi.

"Artık kuruyum. Yatağı ıslatmadım!" dedi Sybil.

"Harika!" dedi annesi. "Tebrikler!"

Sybil, annesine sıkıca sarılarak "Teşekkürler, anne. Çok mutluyum." dedi.

"Görüyor musun, canım?" dedi annesi. "Sonunda her şey yoluna girer. Sadece biraz sabırlı olman gerekir."

NOTES

Questions and Answers
Sorular ve Cevaplar

Story 1

Questions:

1. What was Rescue, the Supa Cat, doing at nighttime?
2. What did Rescue do after finishing his dinner?
3. What secret feature did Rescue's cat bed have?
4. What is the name of Rescue's secret lair?

Sorular:

1. Süper Kedi Rescue gece ne yapıyordu?
2. Rescue akşam yemeğini bitirdikten sonra ne yaptı?
3. Rescue'nun kedi yatağında hangi gizli özellik vardı?
4. Rescue'nun gizli sığınağının adı nedir?

Hikâye 1

Answers:

1. Rescue, the Supa Cat, was finishing his dinner at nighttime.
2. After finishing his dinner, Rescue wiped his whiskers and wandered over to his cat bed.
3. Rescue's cat bed had a secret button under the cushion that he pressed.
4. Rescue's secret lair is called the Cat Cave, which is accessible through his cat bed.

Cevaplar:

1. Süper Kedi Rescue gece akşam yemeğini bitirmek üzereydi.
2. Rescue akşam yemeğini bitirdikten sonra bıyıklarını sildi ve kedi yatağına doğru yürüdü.
3. Rescue'nun kedi yatağındaki minderin altında bastığı gizli bir düğme vardı.
4. Rescue'nun kedi yatağından ulaşabildiği gizli sığınağının adı Kedi Mağarası'dır.

Notes

Story 2

Questions:

1. Where did the cat bed land after it reached the Cat Cave?
2. Who is Rescue's sidekick?
3. What was Delilah the Dog doing when Rescue entered the lab?
4. What information did Delilah provide to Rescue?
5. What action did Rescue decide to take after receiving the information from Delilah?

Sorular:

1. Kedi yatağı Kedi Mağarası'na ulaşınca nereye indi?
2. Rescue'nun yardımcısı kimdir?
3. Rescue laboratuvara girdiğinde Köpek Delilah ne yapıyordu?
4. Delilah Rescue'ya hangi bilgiyi verdi?
5. Rescue Delilah'nın verdiği bilgileri öğrendikten sonra ne yapmaya karar verdi?

Hikâye 2

Answers:

1. The cat bed landed on the cave floor when Rescue reached the Cat Cave.
2. Rescue's sidekick is Delilah the Dog.
3. Delilah the Dog was sitting at a huge screen with lots of data on it when Rescue entered the lab.
4. Delilah informed Rescue that the sensor was picking up something from number 26.
5. After receiving the information from Delilah, Rescue decided that he would check out what the sensor was picking up.

Cevaplar:

1. Rescue Kedi Mağarası'na ulaşınca kedi yatağı mağaranın zeminine indi.
2. Rescue'nun yardımcısı Köpek Delilah'dır.
3. Rescue laboratuvara girdiğinde Köpek Delilah çok sayıda bilginin bulunduğu dev bir ekranın karşısında oturuyordu.
4. Delilah Rescue'ya sensörün 26 numaradan bir şeyler algıladığını söyledi.
5. Rescue Delilah'nın verdiği bilgileri öğrendikten sonra sensörün neyi algıladığına bakmaya karar verdi.

NOTES

Story 3

Questions:

1. What made Rescue different from an ordinary cat?
2. Besides bravery and having a Cat Cave, what other attribute made Rescue a Supa Cat?
3. What power did Rescue frequently use?
4. What could Rescue do with his Rescue Radar?
5. How did Rescue use his powers to help children?

Sorular:

1. Rescue'yu sıradan bir kediden ayıran şey neydi?
2. Cesaret ve bir Kedi Mağarası'na sahip olmanın yanı sıra hangi özellik Rescue'yu Süper Kedi yapıyordu?
3. Rescue hangi gücü sık sık kullanıyordu?
4. Rescue Kurtarma Radarı'yla ne yapabiliyordu?
5. Rescue güçlerini çocuklara yardım etmek için nasıl kullanıyordu?

Hikâye 3

Answers:

1. Rescue was no ordinary cat; he possessed unique qualities.
2. In addition to bravery and having a Cat Cave, Rescue possessed powers.
3. One of the powers Rescue frequently used was his Rescue Radar.
4. With his Rescue Radar, Rescue could sense children that needed rescuing.
5. Rescue could see into the minds of children to find out what they needed rescuing from, utilizing his powers to help them.

Cevaplar:

1. Rescue sıradan bir kedi değildi; benzersiz özelliklere sahipti.
2. Rescue cesaret ve bir Kedi Mağarası'na sahip olmanın yanı sıra özel güçlere sahipti.
3. Rescue'nun sıkça kullandığı güçlerden biri Kurtarma Radarı'ydı.
4. Rescue, Kurtarma Radarı ile kurtarılmaya ihtiyacı olan çocukları hissedebiliyordu.
5. Rescue, çocukların zihinlerini okuyarak kurtarılmaları gereken durumları anlayabiliyor, güçlerini onlara yardım etmek için kullanabiliyordu.

NOTES

Story 4

Questions:

1. What did Rescue do to sense the fear and worry coming from number 26, Paw Avenue?

2. What did Rescue experience after closing his eyes and concentrating?

3. Whose perspective did Rescue see the world through?

4. What was the name of the anxious character Rescue saw through his powers?

Sorular:

1. Rescue, Paw Bulvarı 26 numaradan gelen korku ve endişeyi hissetmek için ne yaptı?

2. Rescue gözlerini kapatıp odaklandıktan sonra ne yaşadı?

3. Rescue dünyayı kimin gözlerinden gördü?

4. Rescue'nun güçleri sayesinde gördüğü endişeli karakterin adı neydi?

Hikâye 4

Answers:

1. Rescue closed his eyes and concentrated on sensing the fear and worry coming from number 26, Paw Avenue.

2. After closing his eyes and concentrating, Rescue experienced seeing the world through the eyes of a young squirrel.

3. Rescue saw the world through the perspective of a young squirrel.

4. The anxious character Rescue saw through his powers was named Sybil.

Cevaplar:

1. Rescue, Paw Bulvarı 26 numaradan gelen korku ve endişeyi hissedince gözlerini kapatıp odaklandı.

2. Rescue gözlerini kapatıp odaklandıktan sonra dünyayı küçük bir sincabın gözlerinden görme deneyimi yaşadı.

3. Rescue dünyayı küçük bir sincabın gözlerinden gördü.

4. Rescue'nun güçleri sayesinde gördüğü endişeli karakterin adı Sybil'di.

Notes

Story 5

Questions:

1. Who comforted Sybil when she expressed her worry about wetting the bed?
2. How did Sybil's mom respond to her concern about wetting the bed?
3. How long had Sybil been wetting the bed, according to her statement?
4. What was Sybil's worry regarding her bedwetting?

Sorular:

1. Yatağı ıslatma konusundaki endişesini ifade ettiğinde Sybil'i kim teselli etti?
2. Sybil'in yatağı ıslatma konusundaki endişesine annesi nasıl yanıt verdi?
3. Sybil söylediğine göre ne kadar süredir yatağı ıslatıyordu?
4. Sybil'in yatağı ıslatma konusundaki endişesi nedir?

Hikâye 5

Answers:

1. Sybil's mom, referred to as the Chipmunk, comforted her when she expressed her worry about wetting the bed.

2. Sybil's mom reassured her by saying, "Of course, you will," in response to her concern about wetting the bed.

3. According to Sybil's statement, she had been wetting the bed for months.

4. Sybil expressed her worry about never learning not to wet the bed by saying, "What if I never learn not to wet the bed?"

Cevaplar:

1. Sybil'in annesi, Sincap olarak anılan kişi, Sybil yatağı ıslatma konusundaki endişesini ifade ettiğinde onu teselli etti.

2. Sybil'in annesi, yatağı ıslatma konusundaki endişesine karşılık olarak, "Tabii ki öğreneceksin." diyerek ona güven verdi.

3. Sybil'in söylediğine göre, Sybil aylardır yatağı ıslatıyordu.

4. Sybil, "Peki ya hiç yatağı ıslatmamayı öğrenemezsem?" diyerek yatağı ıslatma konusundaki endişesini ifade etti.

Notes

Story 6

Questions:

1. How did Sybil's mom respond to Sybil's concern about wetting the bed?
2. What comforting advice did Sybil's mom offer her?
3. What did Sybil's mom assure her about the future?
4. How did Sybil's mom encourage her to handle the situation?
5. What instruction did Sybil's mom give her after the conversation?

Sorular:

1. Sybil'in yatağı ıslatma konusundaki endişesine annesi nasıl yanıt verdi?
2. Annesi Sybil'e ne gibi rahatlatıcı tavsiyeler verdi?
3. Annesi Sybil'e geleceğe dair hangi konuda güvence verdi?
4. Annesi Sybil'e durumu ele alması konusunda nasıl cesaret verdi?
5. Konuşmanın ardından annesi Sybil'den ne yapmasını istedi?

Hikâye 6

Answers:

1. Sybil's mom responded calmly to her concern about wetting the bed.//
2. Sybil's mom advised her to wait patiently because nothing lasts forever and one day soon, she would wake up completely dry, as if by magic.
3. Sybil's mom assured her that one day soon, she would wake up completely dry.
4. Sybil's mom encouraged her to be patient and wait for improvement.
5. After the conversation, Sybil's mom instructed her to go off to bed.

Cevaplar:

1. Annesi Sybil'in yatağı ıslatma konusundaki endişesine sakin bir şekilde yanıt verdi.
2. Annesi Sybil'e hiçbir şey sonsuza dek sürmeyeceğinden beklemesi gerektiğini tavsiye etti ve yakında bir gün adeta sihir gibi kupkuru uyanacağını söyledi.
3. Annesi Sybil'e yakında kupkuru uyanacağına dair güvence verdi.
4. Annesi Sybil'i sabırlı olması ve gelişmeyi beklemesi konusunda cesaretlendirdi.
5. Konuşmanın ardından, annesi Sybil'den yatağına yatmasını istedi.

NOTES

Story 7

Questions:

1. What did Rescue think after seeing Sybil's situation?
2. Who asked Rescue about what he saw?
3. How did Rescue describe the situation he observed?
4. What was Delilah's response to Rescue's observation?
5. What did Rescue request Delilah to open, and how did Delilah respond?

Sorular:

1. Rescue, Sybil'in durumunu gördükten sonra ne düşündü?
2. Kim Rescue'ya gördüğü şey hakkında soru sordu?
3. Rescue, gözlemlediği durumu nasıl tarif etti?
4. Delilah Rescue'nun gözlemine nasıl tepki verdi?
5. Rescue, Delilah'dan neyi açmasını istedi ve Delilah buna nasıl karşılık verdi?

Hikâye 7

Answers:

1. Rescue thought, "I've seen enough," after observing Sybil's situation.
2. Delilah asked Rescue about what he saw.
3. Rescue described the situation as "Another bedwetter."
4. Delilah assured Rescue that he would have the situation sorted out in no time at all.
5. Rescue requested Delilah to open the Dream Walker, and Delilah responded by saying, "Sure thing," and pressing a big blue button.

Cevaplar:

1. Rescue Sybil'in durumunu gözlemledikten sonra "Yeterince gördüm." diye düşündü.
2. Delilah Rescue'ya gördüğü şey hakkında soru sordu.
3. Rescue gözlemlediği durumu "Bir yatak ıslatan daha!" şeklinde tarif etti.
4. Delilah Rescue'nun durumu çabucak çözeceğinden emin olduğunu söyledi.
5. Rescue Delilah'dan Rüya Yürüyücü'yü açmasını istedi ve Delilah, "Tabii ki!" diyerek büyük mavi bir düğmeye bastı.

Notes

Story 8

Questions:

1. What descended from the ceiling, and what was its purpose?
2. Whose invention was the Dream Walker?
3. How did Rescue use the Dream Walker to help children?
4. What did Rescue do after describing the Dream Walker?
5. What did Rescue wear to use the Dream Walker?

Sorular:

1. Tavandan aşağıya ne indi ve bu ne işe yarıyordu?
2. Rüya Yürüyücü kimin icadıydı?
3. Rescue Rüya Yürüyücü'yü çocuklara ne konuda yardımcı olmak için kullanıyordu?
4. Rescue Rüya Yürüyücü'yü tarif ettikten sonra ne yaptı?
5. Rescue Rüya Yürüyücü'yü kullanmak için ne giydi?

Hikâye 8

Answers:

1. A helmet with hundreds of wires and tubes descended from the ceiling, and its purpose was the Dream Walker.

2. The Dream Walker was a machine of Rescue's invention.

3. Rescue used the Dream Walker to enter the dreams of children and save them from wetting their beds.

4. After describing the Dream Walker, Rescue put it on.

5. Rescue wore the Dream Walker, which was a helmet with hundreds of wires and tubes, to use.

Cevaplar:

1. Tavandan aşağıya yüzlerce tel ve borulu bir kask indi ve amacı Rüya Yürüyücü idi.

2. Rüya Yürüyücü, Rescue'nun icat ettiği bir makineydi.

3. Rescue, Rüya Yürüyücü'yü çocukların rüyalarına girip onları yataklarını ıslatmaktan kurtarmak için kullanırdı.

4. Rescue Rüya Yürüyücü'yü tarif ettikten sonra kaskı taktı.

5. Rescue Rüya Yürüyücü'yü kullanmak için yüzlerce tel ve borudan oluşan kaskı taktı.

Notes

Story 9

Questions:

1. Where had Sybil just fallen asleep?
2. What was Sybil dreaming about?
3. What did Sybil consider her favorite food?
4. What was happening to Sybil's bladder as she slept?

Sorular:

1. Sybil nerede uykuya yeni dalmıştı?
2. Sybil ne hakkında rüya görüyordu?
3. Sybil en sevdiği yiyecek olarak neyi sayıyordu?
4. Sybil uyurken idrar kesesine ne oluyordu?

Hikâye 9

Answers:

1. Sybil had just fallen asleep at number 26.
2. Sybil was dreaming about a tree full of acorns.
3. Acorns were Sybil's favorite food.
4. While Sybil slept, pee was gathering up inside her bladder, waiting to burst out.

Cevaplar:

1. Sybil uykuya 26 numarada yeni dalmıştı.
2. Sybil palamutlarla dolu bir ağaç hakkında rüya görüyordu.
3. Palamut Sybil'ın en sevdiği yiyecekti.
4. Sybil uyurken, idrar kesesinin içinde idrar birikiyordu ve dışarıya çıkmak için sabırsızlanıyordu.

Notes

Story 10

Questions:

1. What unexpected event occurred in Sybil's dream?
2. Who fell out of the tree in Sybil's dream?
3. What was unique about the cat that fell out of the tree?

Sorular:

1. Sybil'in rüyasında olan beklenmedik olay neydi?
2. Sybil'in rüyasında kim ağaçtan düştü?
3. Ağaçtan düşen kedide benzersiz olan neydi?

Hikâye 10

Answers:

1. Suddenly, in her dream, a cat fell out of the tree.
2. Rescue fell out of the tree in Sybil's dream.
3. The unique aspect of the cat that fell out of the tree was that it was Rescue.

Cevaplar:

1. Rüyasında aniden bir kedi ağaçtan düştü.
2. Sybil'in rüyasında Rescue ağaçtan düştü.
3. Ağaçtan düşen kedinin benzersiz yanı, bu kedinin Rescue olmasıydı.

NOTES

Story 11

Questions:

1. What did Rescue do after falling out of the tree in Sybil's dream?
2. How did Sybil react to Rescue's actions in her dream?
3. Did Rescue stop licking Sybil's face despite her protests?
4. How would you describe the sensation of Rescue's licking according to the text?
5. What could be inferred about Rescue's actions based on Sybil's dream?

Sorular:

1. Rescue Sybil'in rüyasında ağaçtan düştükten sonra ne yaptı?
2. Rüyasında Rescue'nun hareketlerine Sybil nasıl tepki verdi?
3. Rescue, Sybil'in itirazlarına rağmen yüzünü yalamayı bıraktı mı?
4. Metne göre Rescue'nun yalama hissi nasıl tarif edilebilir?
5. Sybil'in rüyasına dayanarak Rescue'nun harekeltleri hakkında nasıl çıkarım yapılabilir?

Hikâye 11

Answers:

1. After falling out of the tree in Sybil's dream, Rescue walked over to Sybil and began to lick her face.

2. In her dream, Sybil reacted with surprise and confusion to Rescue's actions.

3. No, Rescue did not stop licking Sybil's face despite her protests.

4. According to Sybil, Rescue's rough tongue felt like sandpaper against Sybil's skin.

5. The hidden message in Sybil's dream could be that Rescue was attempting to communicate or convey something to Sybil through his actions, despite her initial confusion and protest.

Cevaplar:

1. Rescue Sybil'in rüyasında ağaçtan düştükten sonra Sybil'e doğru yürüdü ve yüzünü yalamaya başladı.

2. Sybil rüyasında Rescue'nun hareketlerine şaşkınlık ve kafa karışıklığıyla tepki verdi.

3. Hayır, Rescue Sybil'in itirazlarına rağmen yüzünü yalamayı bırakmadı.

4. Sybil'e göre, Rescue'nun pürüzlü dili, Sybil'in tenine zımpara kağıdı hissi verdi.

5. Sybil'in rüyasından Rescue'nun hareketleriyle ilgili çıkarılabilecek gizli mesaj, Rescue'nun Sybil'in ilk andaki kafa karışıklığı ve itirazlarına rağmen, yaptıklarıyla ona bir şeyler iletmeye çalıştığı olabilir.

Notes

Story 12

Questions:

1. What did Sybil scream in her dream?
2. How did Sybil express her desire for the situation to end?
3. What did Sybil urgently demand to happen in her dream?

Sorular:

1. Sybil rüyasında ne diye bağırdı?
2. Sybil durumun sona ermesini istediğini nasıl ifade etti?
3. Sybil rüyasında neyin acil olarak gerçekleşmesini istedi?

Hikâye 12

Answers:

1. Sybil screamed, "I don't like it!" in her dream.

2. Sybil expressed her desire for the situation to end by screaming, "Make it stop!"

3. Sybil urgently demanded to wake up in her dream, repeatedly shouting, "Wake up me! WAKE UP!"

Cevaplar:

1. Sybil rüyasında "Bunu sevmedim!" diye bağırdı.

2. Sybil durumun sona ermesini istediğini "Durdurun şunu!" diye bağırarak ifade etti.

3. Sybil rüyasında acil olarak uyanmayı istiyordu ve tekrar tekrar "Beni uyandırın! UYAN!" diye bağırdı.

NOTES

Story 13

Questions:

1. What happened to Sybil after her dream?
2. How did Sybil feel about her dream after waking up?
3. What realization did Sybil have after waking up?
4. Where did Sybil go after waking up?
5. How did Sybil feel about using the toilet after waking up?

Sorular:

1. Sybil rüyadan sonra ne yaşadı?
2. Sybil uyandıktan sonra rüyası hakkında ne hissetti?
3. Sybil uyandıktan sonra neyin farkına vardı?
4. Sybil uyandıktan sonra nereye gitti?
5. Sybil uyandıktan sonra tuvaleti kullanma konusunda ne hissetti?

Hikâye 13

Answers:

1. Sybil's eyes sprang open after her dream.
2. After waking up, Sybil thought, "Well, that wasn't nice," about her dream.
3. Sybil realized she needed to pee after waking up.
4. Sybil went off to the toilet after waking up.
5. Sybil wasn't even a bit bothered about her weird dream because she was going to pee in the toilet... not in her bed.

Cevaplar:

1. Rüyasından sonra Sybil'in gözleri açıldı.
2. Sybil uyandıktan sonra rüyası hakkında "Bu hoş değildi," diye düşündü.
3. Sybil uyandıktan sonra tuvalet ihtiyacının olduğunu fark etti.
4. Sybil uyandıktan sonra tuvalete gitti.
5. Tuhaf rüyası onu hiç rahatsız etmedi çünkü idrarını tuvalete yapacaktı; yatağına değil.

NOTES

Story 14

Questions:

1. How did Sybil feel the next morning?
2. What did Sybil do when she shot downstairs?
3. What did Sybil announce to her mom?
4. How did Sybil's mom react to the news?
5. How did Sybil express her gratitude to her mom?
6. What comforting message did Sybil's mom convey to her?

Sorular:

1. Ertesi sabah Sybil kendisini nasıl hissetti?
2. Sybil merdivenlerden hızla indikten sonra ne yaptı?
3. Sybil annesine hangi haberi verdi?
4. Sybil'in annesi habere nasıl tepki verdi?
5. Sybil annesine nasıl teşekkür etti?
6. Sybil'in annesi ona hangi teselli mesajını iletti?

Hikâye 14

Answers:

1. The next morning, Sybil felt excited.
2. When she shot downstairs, Sybil was so excited.
3. Sybil announced to her mom that she didn't wet the bed.
4. Sybil's mom reacted by expressing amazement and congratulating her daughter.
5. Sybil expressed her gratitude to her mom by giving her a big hug and saying, "Thanks, Mom. I'm so happy."
6. Sybil's mom conveyed the comforting message that things always turn out okay in the end, and one just needs to be patient.

Cevaplar:

1. Ertesi sabah, Sybil heyecanlıydı.
2. Sybil merdivenlerden indikten sonra "Başardım. BAŞARDIM!" diye bağırdı.
3. Sybil annesine yatağı ıslatmadığı haberini verdi.
4. Sybil'in annesi habere şaşkınlıkla tepki verdi ve kızını tebrik etti.
5. Sybil annesine sıkıca sarılarak "Teşekkürler, anne. Çok mutluyum." dedi.
6. Sybil'in annesi teselli mesajı olarak sonunda her şeyin yoluna gireceği ve sadece biraz sabırlı olunması gerektiği mesajını verdi.

Notes

About the Author

A. Hopeposits is a qph. Parent, Coach, Kids Coach, ICF Accredited Life Coach, and speaker. Despite her struggles b reading, not having the ambition to write as a child, she became a bestselling author in 2020 with her first book.

But she has many stories to her bow, is no surprise to anyone who knows her. She has a great entrepreneur She defines her mind as very active and uses writing to get her ideas out and focus her thoughts. Her inspirations come from far and wide. She looks to world events, real life's, personal experiences, and the work of other autor.

Through her culture she hopes to improve. In her redes that, whatever life throws at you, there is always a funny side. She also aims to help parents teach their children good values through entertaining tales.

About the Author

Accidental author A.S.K Aynur is also a Paediatric Hypnosis Coach, Parents Coach, Kids Coach, ICF Accredited Life Coach, and Speaker. Despite her struggles to read and not having the ambition to write as a child, she became a best-selling author in 2020 with her first book.

That she has many strings to her bow is no surprise to anybody who knows her, as she is a serial entrepreneur. She describes her mind as very active and uses writing to get her ideas out and focus her thoughts. Her inspirations come from far and wide. She looks to world events, real-life stories, personal experiences, and the work of other writers.

Through her writing, she hopes to impress on her readers that, whatever life throws at you, there is always a funny side. She also aims to help parents teach their children good values through entertaining tales.

Yazar Hakkında

Rastlantısal yazar A.S.K. Aynur aynı zamanda Çocuk ve Ergen Hipnoz Koçu, Ebeveyn Koçu, Çocuk Koçu, ICF Akredite Yaşam Koçu ve Konuşmacıdır. Çocukken okuma konusunda yaşadığı zorluklara ve yazma hırsı olmamasına rağmen, 2020'de ilk kitabıyla en çok satan yazarlardan biri oldu.

Halihâzırda birçok alanda başarılı olması onu tanıyan kimseyi şaşırtmamıştır, çünkü o bir seri girişimcidir. Zihnini çok aktif olarak tarif eder ve fikirlerini dışa vurup düşüncelerine odaklanmak için yazıyı kullanır. İlhamını geniş çaplı kaynaklardan alır. Dünya olaylarına, gerçek hayat hikâyelerine, kişisel deneyimlere ve diğer yazarların çalışmalarına bakar.

Yazarak, okurlarına hayat onlara ne sunarsa sunsun, hayatın her zaman komik bir yanı olduğunu anlatabilmeyi umar. Ayrıca, ebeveynlerin çocuklarına iyi değerleri eğlenceli hikâyeler aracılığıyla öğretmelerini sağlamayı amaçlar.

Yazar Hakkında

Raşehasalvayaz VS. S. A'nın aynı zamanda Cesur ve Ergen Hippo Koçu, Ebeveyn Koçu, Çocuk Koçu, (OA) Aile, Çift, Sınav Koçu ve Kompaniadır. Geçtikten olumu komusunda yazarlığı zirhelara ve yapıtı, ilim olmazsızın rağmen 2020'de ilk kitabıyla en çok satan yazarından biri oldu.

Hehirlerinde birçok klinikte değilin bağışık olarak ona tanıyan kitapsı sistemin me, çünkü o bir sen çığırmıcıdır. Zihnini çok aktif olarak tanıdıklarını ve Bilad annem en vurup düşüncelerine odaklanmak için yazay kullanır. Dışını genç cahilleriyle kasaralardan ahu. Diğere olanına gerçek bavar, fakat elenine, ki, kel denyetimde ve diğer yazarların çalışmalarına bakar.

Yazarsız, okurların ılıngır çalışır ve sınıra sunan, başarını her zaman komik bir yanı olduğunu anlatılmayı umar. Ayrıca, obeyinlerin sözlülerinin derecen giderek bildirakteme ahyla ögrümelerini sağlamanı amacıdır.

https://mybook.to/d2QxEd

https://mybook.to/367D

https://mybook.to/JHqxINV

https://mybook.to/Vireo

https://lnk.bio/aimeekisaboyun

ask Publishing House

www.ingramcontent.com/pod-product-compliance
Lightning Source LLC
Chambersburg PA
CBHW011958090526
44590CB00023B/3774